KB261641

아가를 위한

아홉 가지 기도
The Fruit of the Spirit

2017. 11. 10. 초판 1쇄 인쇄 2017. 11. 27. 초판 1쇄 발행 **지은이** 시온
펴낸이 정애주
국효숙 김기민 김의연 김준표 김진원 박세정 송승호 오민택 오형탁 윤진숙 임승철 임진아 정성혜 차길환 최선경 한미영 허은
펴낸곳 주식회사 홍성사
등록번호 제1-499호 1977. 8. 1. **주소** (04084) 서울시 마포구 양화진4길 3 **전화** 02) 333-5161 **팩스** 02) 333-5165
홈페이지 www.hsbooks.com **이메일** hsbooks@hsbooks.com
페이스북 facebook.com/hongsungsa **양화진책방** 02) 333-5163
ⓒ 시온, 2017 •잘못된 책은 바꿔 드립니다. •책값은 뒤표지에 있습니다.
이 도서의 국립중앙도서관 출판예정도서목록(CIP)은 서지정보유통지원시스템 홈페이지(http://seoji.nl.go.kr)와
국가자료공동목록시스템(http://www.nl.go.kr/kolisnet)에서 이용하실 수 있습니다.(CIP제어번호: CIP2017028173)
ISBN 978-89-365-1264-4 (03230)

홍성사.

오직 성령의 열매는

The fruit of the Spirit is

사랑과 희락과 화평과

love, joy, peace,

오래 참음과 자비와 양선과

patience, kindness, goodness,

충성과 온유와 절제니

faithfulness, gentleness and self-control.

이 같은 것을 금지할 법이 없느니라

Against such things there is no law.

갈라디아서 5장 22-23절

Galatians 5:22-23

아가를 위한

아홉 가지 기도

시온 글·그림

홍성사

아버지,
이 생명이 아버지의 뜻을 따라
저희에게 왔습니다.

이 아이를 인도해 주사
주님의 사람으로 자라 가게 하소서.

하나님의 마음이 날마다
이 아이 안에서 자라나길 원합니다.

빛 가운데 거하도록
가까이 두고 보아주소서.

사랑을 나누길 원합니다.

아버지께서 어여삐 여기시는 사람들과
서로 사랑하며
아버지의 이름을 영광되게 하는
복된 자녀로 삼아 주소서.

기쁨을 누리길 원합니다.

슬픔과 괴로움은 잠시뿐임을
깨닫게 하시고
기쁨으로 완성되는 그 순간에
이 아이도 초대해 주소서.

화평을 찾길 원합니다.

성난 마음들이 요동치고
오해와 편견이 가득할 때
고개 들어 아버지를 찾게 하시고
손과 손을 맞잡게 하소서.

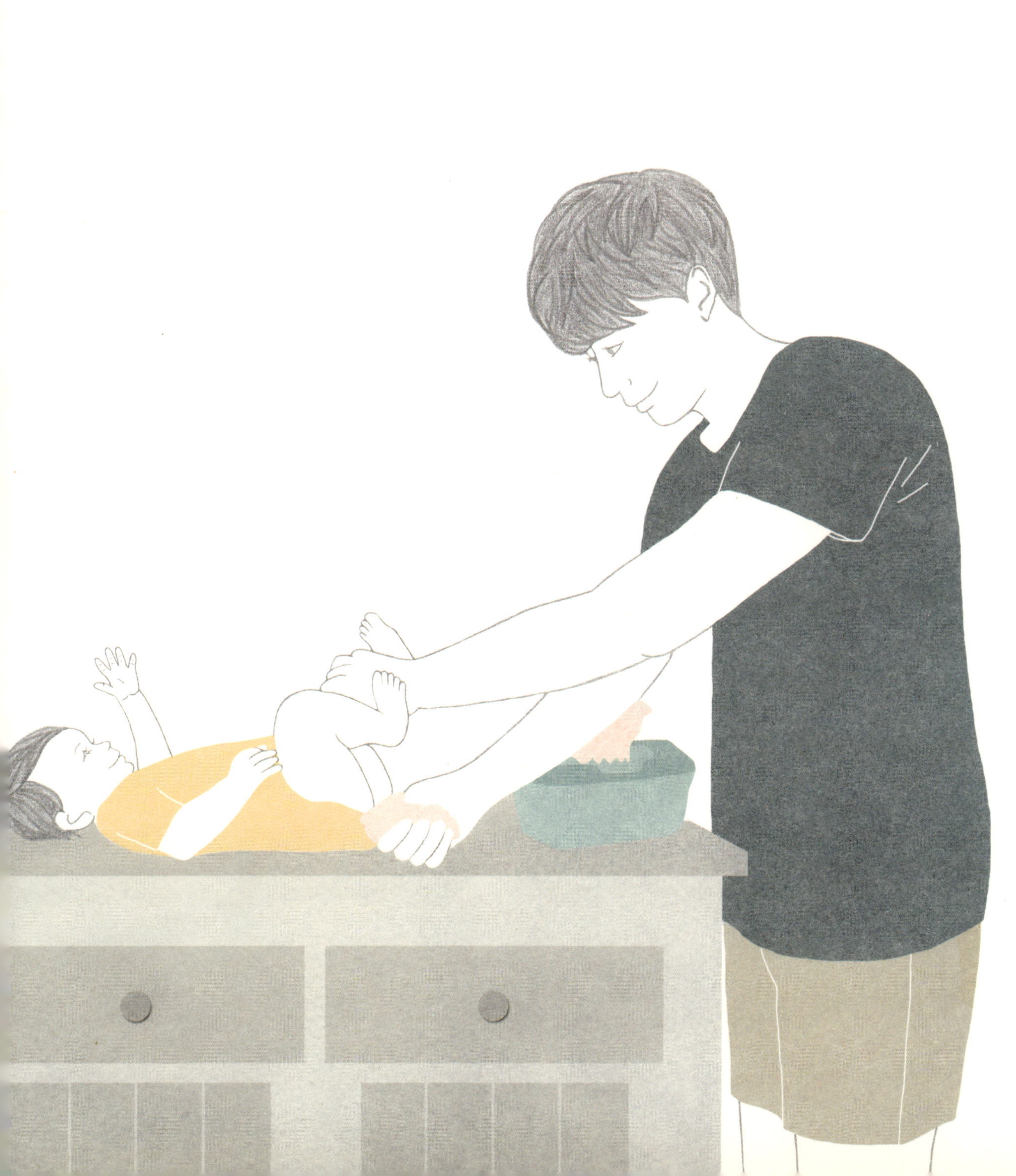

오래 참길 원합니다.

긍휼히 여기는 마음을 주사
누구든 실수할 수 있음을
알게 하소서.

자신 또한 누군가의 배려를 받고 있음에
감사하게 하소서.

친절을 베풀길 원합니다.

그 누구도 혼자가 아님을 알 수 있도록
먼저 손 내밀어 나누게 하소서.

세상의 빈 곳을 메우실 때
이 아이도 사용해 주소서.

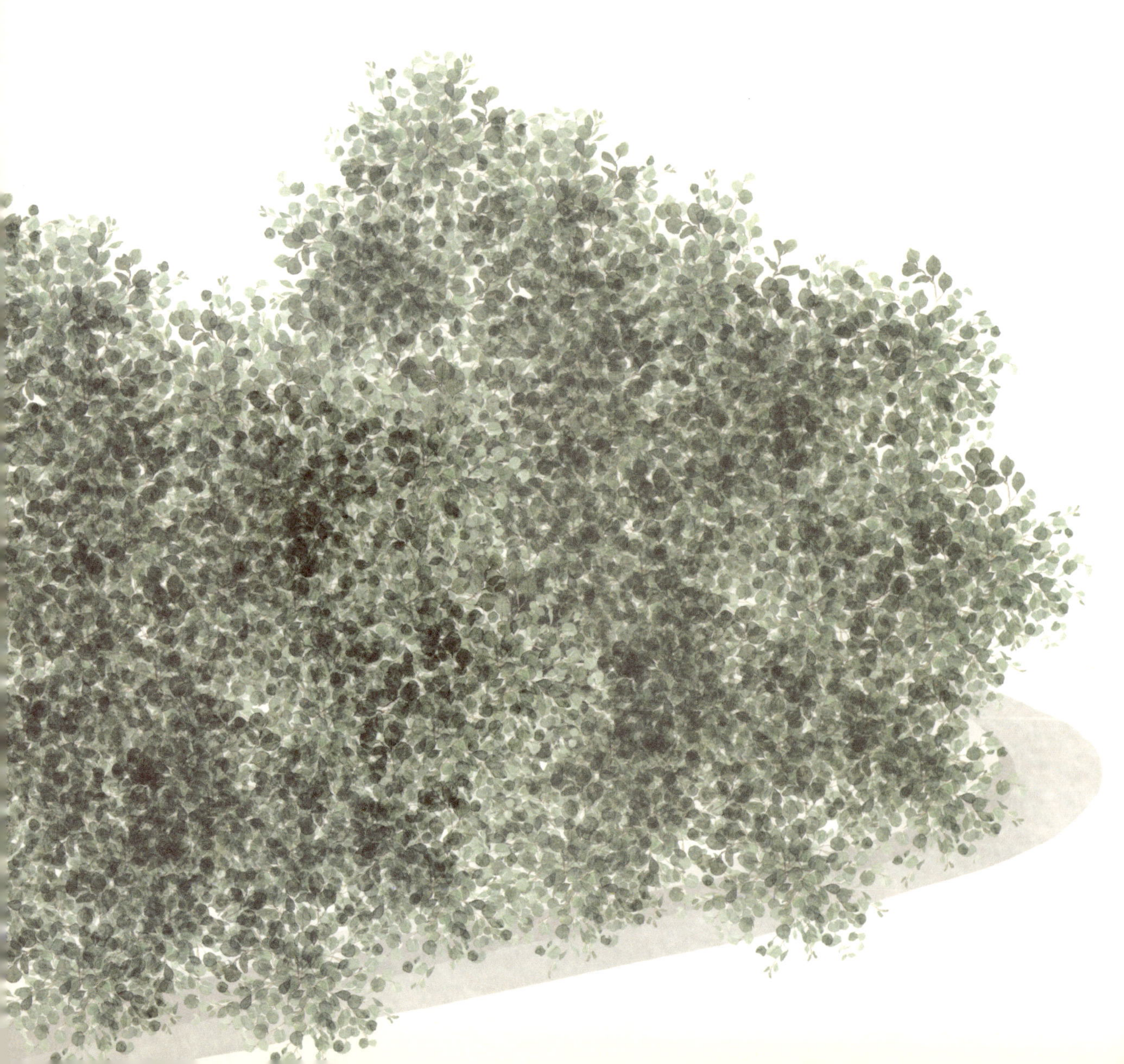

착함과 선함을 구별하게 하소서.

주님의 음성을 좇아가는
또 한 명의 제자가 되게 하소서.

성령님의 인도를 받길 원합니다.

가야 할 곳으로 가게 하시고
머물러야 할 곳에 머무르게 하소서.

충성하길 원합니다.

작은 결정이라도 아버지께 묻고
뜻을 정했다면 결코 흔들리지 않게 하소서.

신실함과 정직함으로
용기 있게 걸어가게 하소서.

온유하길 원합니다.

생각과 힘이 끄는 대로
행동하지 않게 하소서.

부드러운 마음과 행동으로
겸손의 삶을 살게 하소서.

절제하길 원합니다.

공허한 마음을 틈타
유혹이 찾아들 때
주께서 다스리사
끊어 내게 하소서.

아버지,
이 생명을 아버지께 맡깁니다.

깊은 교제의 시간으로 이끄사
성령의 열매를 맺게 하소서.

보호하소서.
기름 부으소서.

아멘.

모든 지킬 만한 것 중에
더욱 네 마음을 지키라
생명의 근원이
이에서 남이니라

잠언 4:23

글·그림 시온

대학에서 문예 창작을 공부했고, 변하지 말아야 할 가정의 소중한 가치를 담아낸 태교 동화《아가에게 들려주고 싶은 열 가지 약속》(홍성사, 2015)을 지었습니다.
어릴 적 유난히 잠귀가 밝아 머리맡에서 읊조리는 어머니의 기도 소리가 들리면 마음속에 차곡차곡 옮겨 담곤 했습니다. 보이지 않는 분을 의심 없이 주님으로 믿게 된 것도 하나님과 인격적인 관계를 맺으신 부모님을 주셨기 때문이라고 생각합니다. 기도가 하나님의 사람을 만듭니다. 아이들에게 흔들리지 않는 뿌리 같은 부모가 되어 주세요. 기도하며 응원하겠습니다.